LES

BIBLIOTHÈQUES SCOLAIRES

PRESCRITES PAR ARRÊTÉ

DE SON EXC. LE MINISTRE DE L'INSTRUCTION PUBLIQUE

EN DATE DU 1ᵉʳ JUIN 1862

Prix : 50 centimes

CHEZ TOUS LES LIBRAIRES

DE PARIS ET DES DÉPARTEMENTS

Octobre 1862

LES
BIBLIOTHÈQUES SCOLAIRES

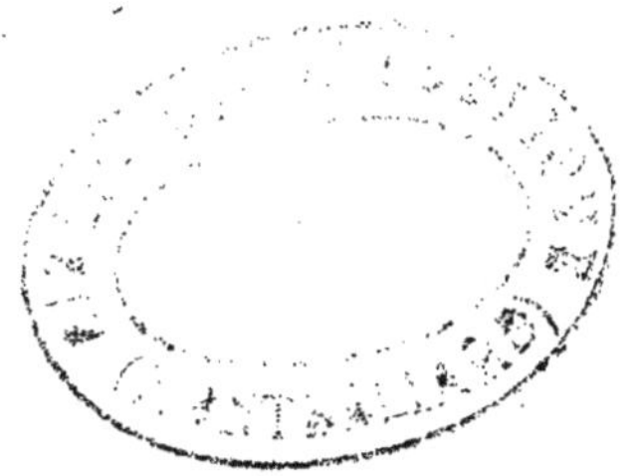

PARIS. — IMPRIMERIE DE CH. LAHURE ET Cie,
Rue de Fleurus, 9

LES

BIBLIOTHÈQUES SCOLAIRES.

L'établissement des bibliothèques scolaires prescrit par l'arrêté du 1er juin dernier peut, selon l'application plus ou moins intelligente qui sera donnée à la pensée ministérielle, devenir une mesure des plus utiles pour le progrès moral et intellectuel des classes populaires, ou un monopole funeste non-seulement pour les auteurs et les éditeurs, mais, ce qui est plus grave encore, pour les instituteurs et pour l'instruction primaire elle-même.

Les bibliothèques scolaires créées par cet arrêté[1] ont deux objets entièrement distincts :

1° Le prêt gratuit ou le louage des livres de classe

---

1. Voir aux Annexes le texte de l'arrêté du 1er juin et des deux circulaires du 24 juin 1862.

aux enfants qui suivent les écoles primaires publiques ;

2° Le prêt gratuit aux familles des ouvrages qui seront admis dans lesdites bibliothèques.

Elles seront donc à la fois scolaires et communales.

L'acquisition des livres nécessaires aux élèves sera faite par les instituteurs, sur une liste préparée chaque année pour toutes les écoles du ressort par le Conseil académique et arrêtée par le Ministre.

Les ouvrages destinés aux familles proviendront soit de dons, soit d'acquisitions. Ils ne pourront être placés dans les bibliothèques qu'avec l'autorisation de l'inspecteur d'académie.

Telles sont les principales dispositions de l'arrêté du 1er juin. Nous allons les examiner successivement.

DES BIBLIOTHÈQUES SCOLAIRES.

§ I. *Du prêt gratuit et du louage des livres aux enfants.*

Tout le monde applaudira à l'idée de procurer des livres d'instruction aux enfants qui, par suite du dénûment de leurs familles, en sont complétement dépourvus. Mais le moyen indiqué par l'arrêté du 1er juin est-il à l'abri de toute critique ?

A-t-on le droit, dans une commune, de mettre à

la charge d'un certain nombre de familles une partie quelconque de la dépense à faire pour pourvoir
de livres les enfants indigents? Il est évident que le
prix de ces livres serait payé, dans une certaine pro-
portion, sur les ressources indiquées dans les paragraphes 4 et 5 de l'art. 7 de l'arrêté ministériel ; M. le Ministre lui-même le déclare au cin-
quième paragraphe de sa circulaire[1] aux recteurs
en date du 24 juin dernier. Si on nous objecte
que la cotisation sera volontaire et qu'il est bon
d'encourager les riches à venir en aide aux pauvres,
nous répondrons que, la plupart du temps, les familles aisées ignoreront que le prix d'abonnement
payé par elles contient une fraction destinée à assurer la gratuité des livres pour les enfants indigents,
et qu'en conséquence elles seront généreuses à leur
insu. Ce sera une contribution déguisée dont il serait
bon de démontrer préalablement la légitimité.

Nous nous bornons à signaler cette difficulté, pour
arriver rapidement à des objections qui nous pa-
raissent beaucoup plus graves.

Les livres de classe, dont le nombre est si restreint dans les écoles primaires des campagnes, ne
sont pas utiles seulement pendant la tenue de l'é-
cole. Les enfants laborieux s'y attachent comme à
une propriété ; ils les étudient encore dans les loi-
sirs de la veillée, ils y inscrivent des notes et des
éclaircissements ; ils les conservent comme un pré-

1. Voir aux Annexes, page 43.

cieux souvenir quand ils ont fait leur première communion ; et très-souvent le catéchisme, la grammaire française, l'arithmétique élémentaire, le livre de lecture courante deviennent un meuble de famille qui passe du fils aîné à ses jeunes frères. Cette transmission si agréable pour celui qui donne, si utile à celui qui reçoit, ne se ferait plus si les livres de classe ne sortaient jamais de l'enceinte de l'école, si l'enfant ne pouvait en user que pendant les heures restreintes de chaque exercice. Ces exercices mêmes ne laisseraient dans beaucoup d'esprits que des traces fugitives, le livre rentrant sous clef après la leçon du maître.

Ajoutons qu'avec ce système, certains exercices deviennent absolument impossibles[1]. On ne contestera pas sans doute l'utilité qu'il y a à cultiver la mémoire des enfants. On leur donne quelques fables, quelques belles sentences à apprendre ; on veut, même avec raison, qu'ils sachent par cœur le texte de la grammaire et de l'arithmétique élémentaire, et qu'ils retiennent les dates les plus importantes de notre histoire, avec les principales divisions géographiques de la France. C'est du soir au matin, ou dans l'intervalle des deux classes, ou pendant les jours de congé et de vacances que les enfants peuvent apprendre leurs leçons pour les réciter en arrivant à l'école. Mais s'ils n'ont point de livres hors de la

---

1. Voir ci-après, page 10, la délibération prise il y a quelques années par le Conseil municipal de Châtillon-sur-Loing (Loiret).

classe, ils ne cultiveront jamais leur mémoire, à moins que le temps destiné à cet exercice ne soit pris sur les heures passées à l'école, ce qui leur ferait perdre en grande partie le bénéfice de l'enseignement oral donné par le maître.

Le prêt des livres aux enfants pauvres admis gratuitement à l'école fait naître un sentiment pénible. Pour se conformer à l'arrêté, on leur confiera, chaque jour, pendant quelques instants, des livres de classe : jusqu'ici on les leur donnait en toute propriété. Ils pouvaient conserver précieusement ce gage de leurs modestes études, cette preuve de la bienfaisance des Autorités : maintenant, non ; on leur prêtera le livre pendant les exercices ; immédiatement après on le leur reprendra. Un pauvre enfant n'aura pas même la propriété de son catéchisme : il ne pourra pas avoir à sa disposition son premier livre de lecture, pour que son grand frère l'aide à épeler, pour qu'il puisse lui-même enseigner à sa petite sœur à connaître les lettres. En vérité, cela est bien dur. Et pendant ses vacances forcées de l'été, pendant qu'il se livre aux travaux agricoles, ses parents, un jour de pluie, un jour de chaleur excessive, ne pourront pas lui dire : « Allons, Louis, on ne peut pas sortir aujourd'hui; « prends donc ton livre, repasse tes leçons; autre- « ment, à la rentrée, tu auras tout oublié. »

Le nouveau système n'est, comme on le voit, pas plus favorable aux élèves pauvres qu'aux enfants payants. Mais admettons qu'il soit établi dans les écoles. A-t-on pensé aux difficultés de toute nature que rencontrera l'instituteur dans l'application ?

D'abord, n'est-ce rien que ce maniement et ce classement des livres au commencement et à la fin de chaque exercice, pour les distribuer aux élèves et les retirer deux fois par jour de leurs mains ? Puis il sera nécessaire de constater sur l'heure les dégradations commises ; car au bout de quelques jours rien ne prouverait qu'elles doivent être imputées aux enfants dont les livres dégradés portent le nom. Enfin, il faudra adresser aux parents les demandes d'indemnité et faire rentrer le montant de ces indemnités. Que de temps employé en pure perte ! Quel surcroît d'occupations pour l'instituteur, qui a besoin de toute son attention pour maintenir la discipline parmi tant d'enfants !

Sera-t-il facile de fixer le chiffre des dégâts et surtout de le faire payer ? Si la famille ne peut réellement l'acquitter, si elle manque de bon vouloir, quel moyen l'instituteur aura-t-il de la contraindre à se libérer ? Rendra-t-on l'enfant responsable de l'insolvabilité ou du refus de ses parents, en le renvoyant de l'école ? ou bien, mettra-t-on la perte à la charge de la bibliothèque ? Dans tous les cas, on ne rencontrera que des difficultés et des complications [1].

1. Nous pouvons citer à l'appui de ces craintes la délibération prise, dans sa session de mai 1857, par le Conseil municipal de Châtillon-sur-Loing (Loiret) :

« Le Conseil municipal,

« Considérant que le but de l'établissement d'une bibliothèque

Il nous semblerait bien plus simple de demander chaque année aux Conseils généraux ou municipaux, et aux Bureaux de bienfaisance, de continuer ou même d'augmenter l'allocation de la somme nécessaire pour la fourniture des livres aux enfants indigents, et de laisser aux pères de famille qui ont des ressources suffisantes le soin de procurer à leurs enfants des livres et des cahiers, comme ils leur procurent les autres objets dont ils ont besoin. On éviterait ainsi les pertes de temps, les discussions avec les parents et les autres inconvénients que nous avons signalés.

§ 2. *De l'abonnement proposé aux familles.*

Voyons si le système d'abonnement est une chose aussi simple qu'on paraît le croire.

communale, qui est de fournir gratis aux élèves, durant les classes, les livres dont ils ont besoin, ne *serait pas atteint,* puisqu'il ne les dispenserait pas pour la plupart d'*acheter ces mêmes livres pour étudier chez eux dans l'intervalle des classes, et même après leur sortie définitive de l'école ; que ce serait au contraire pour presque tous un* SURCROÎT DE DÉPENSE ;

« Considérant que le soin de distribuer et de retirer ces livres et de veiller à leur conservation prendrait à l'instituteur un temps qu'il peut employer plus utilement pour ses élèves;

« Considérant que, si l'acquisition des livres occasionne de la part des parents quelques difficultés, *la constatation des détériorations subies par les livres prêtés* entraînerait des discussions bien plus fâcheuses entre le maître et les parents des élèves responsables,

« Est d'avis qu'il n'y a pas lieu d'établir une bibliothèque communale à Châtillon-sur-Loing.

D'abord comment fera-t-on rentrer le montant des abonnements ? « Rien de plus commode, nous répon-
« dra-t-on. Déjà, dans les départements où la coti-
« sation a été établie, Son Exc. M. le Ministre des
« finances a bien voulu autoriser MM. les receveurs
« municipaux à la recevoir en même temps et dans
« les mêmes formes que la rétribution scolaire. »
Nous laisserons à de plus compétents que nous le soin d'examiner si cette intervention du Ministère des finances et des receveurs municipaux dans le règlement d'intérêts privés est parfaitement légale.

Puis, il est bon de se rendre compte de l'économie qui résultera pour les familles du système d'a-bonnement.

Les livres strictement nécessaires aux enfants des écoles dans les communes rurales (c'est de celles-là surtout qu'il faut s'occuper) sont, en général, pour les trois années pendant lesquelles dure habituelle-ment l'enseignement primaire, au nombre de neuf, savoir :

1 Alphabet.............................	» f.	10 c.
1 Lecture courante dans les imprimés....	1	50
1 Lecture courante dans les manuscrits...	1	50
1 Catéchisme........................	»	50
1 Histoire sainte......................	»	75
1 Histoire de France...................	»	75
1 Grammaire française..................	»	75
1 Arithmétique........................	»	75
1 Géographie.........................	»	75
9 Prix des 9 volumes............	7 f.	35 c.

C'est donc une dépense annuelle de 2 fr. 45 c.

Or, en admettant que le prix d'abonnement n'excède pas 10 centimes par mois, ce serait pour les trois années, à raison de 1 fr. 20 par an, une somme de 3 fr. 60 c., à laquelle il faut ajouter le montant des indemnités pour livres endommagés. Si l'on suppose qu'elles s'élèvent à 75 centimes par an, ce serait 2 fr. 25 c. qu'il faudrait ajouter aux 3 fr. 60 c. produits par la cotisation pendant trois ans. La dépense dans le système d'abonnement serait donc de 5 fr. 85 c., soit de 1 fr. 95 c. par an, et présenterait aux familles une économie de 1 fr. 40 c. pour les trois ans. Cette misérable économie justifierait-elle le surcroît de besogne et les soucis imposés aux instituteurs? Compenserait-t-elle la privation de toute espèce de livres que vous voulez infliger à deux millions d'enfants? Nous ne le pensons pas. Et d'ailleurs cette économie n'existera pas en réalité. La famille aura 1 fr. 40 c. de plus en argent; mais elle aura 7 fr. 35 c. de moins en livres. Qu'un père ait trois enfants : les mêmes livres pourraient leur servir successivement. Il n'aurait dépensé pour eux trois que 7 fr. 35 c., et il pourrait encore disposer des volumes. Dans le système d'abonnement, il aura payé 17 fr. 55 c., et rien ne lui restera.

Enfin, a-t-on songé qu'avant de louer les livres il faudra les acheter? Où les instituteurs prendront-ils les fonds nécessaires pour ces achats? Supposons qu'il y ait en France 40 000 écoles primaires communales, que chacune de ces écoles donne l'instruction à 50 élèves et que la dépense totale à avancer pour l'acquisition des ouvrages indispensables à chaque élève soit, comme nous venons de le voir, de 2 fr. 45 c. par an. Il s'agira donc de constituer immédiatement pour les besoins de la première année un fonds de livres de classe d'une valeur de 4 900 000 fr. et de 14 700 000 fr. pour les trois années pendant lesquelles dure une éducation primaire. Comment sera formé ce capital? Est-ce par voie d'emprunt? Qui souscrira les obligations? sera-ce le maire, représentant de la commune? sera-ce l'instituteur? Les remboursements ne pouvant s'effectuer qu'à la longue sur le produit des cotisations, il faudra payer des intérêts. Que d'écritures! que de formalités à remplir! On nous répondra que les avances nécessaires seront demandées à des bienfaiteurs, et on citera un certain nombre de dons faits aux écoles par des familles riches et généreuses. On n'administre pas ainsi, et c'est d'ailleurs un mauvais système que de mettre à la charge de la bienfaisance privée des dépenses qui peuvent être supportées sans difficulté par ceux qui en profitent.

Passons à d'autres considérations.

En 1858, M. le Ministre de l'instruction publique a jugé utile de donner le caractère officiel à un journal de l'instruction primaire fondé sous ses auspices. Assurément, M. le Ministre n'a eu d'autre but que d'avoir à sa disposition un organe destiné à faire connaître aux instituteurs la pensée de l'Administration et à leur donner de bonnes directions, et nous n'aurions rien à dire de son intervention si le journal revêtu du caractère officiel était resté vis-à-vis du public dans les conditions où se trouvaient tous les autres recueils de même nature. Mais il faut bien, pour appuyer la cause que nous plaidons aujourd'hui, que nous disions quelques-uns des faits qui se sont passés à l'occasion du nouveau journal. MM. les inspecteurs primaires n'ont certainement reçu aucune instruction tendant à les rendre hostiles aux autres publications de même genre; mais, comprenant l'intérêt que portait l'Administration au succès du nouveau journal, un grand nombre d'entre eux ont considéré comme un devoir d'agir auprès des instituteurs. N'est-il pas de notoriété publique que ces derniers ont été invités, à plusieurs reprises, par les Autorités dont ils dépendent, à souscrire au recueil ministériel, et que, pour la facilité des abonnements, les percepteurs des contributions ont été autorisés à retenir sur le montant des sommes qu'ils avaient à verser aux instituteurs le prix de la souscription? Les budgets[1] de l'État ne contiennent-ils pas, depuis 1859, l'ouverture de crédits considérables destinés à l'encouragement du journal officiel, et n'est-ce pas au moyen de cette subvention que ledit journal peut être livré aux abonnés pour le prix réduit de 5 fr. par an, somme inférieure aux

---

1. Voir les budgets de 1859, 1860, 1861, 1862 et 1863. Jusqu'en 1862 inclusivement une première somme de 80 000 fr. était portée aux budgets et le complément était alloué au moyen de crédits supplémentaires. L'allocation pour 1863 est de 160 000 fr. Voyez au Budget, page 792.

frais de timbre et de poste? On nous affirme qu'aujourd'hui le nombre des abonnements inscrits est de plus de 30 000. C'est un grand succès sans doute; mais il faut ajouter que ce succès coûte à l'État 160 000 fr. par an, qu'il a fait mourir et disparaître un grand nombre de publications utiles consacrées à l'instruction primaire, et que celles, en petit nombre, qui survivent ne peuvent se maintenir qu'à force de sacrifices.

On peut prévoir que ce qui est arrivé pour les journaux d'instruction primaire arrivera pour les livres élémentaires. M. le Ministre n'a pas inséré dans son arrêté du 1ᵉʳ juin 1862 les dispositions relatives au système d'abonnement sans avoir voulu introduire quelque chose de nouveau dans le régime des écoles primaires, et il n'est pas possible que les fonctionnaires chargés de développer sur toute la surface de la France les pensées ministérielles laissent passer inaperçue une si grave disposition. Ils pourront y voir plus de commodité pour le choix des livres, plus de facilité pour la surveillance. Ils croiront entrer dans la pensée du Ministre en préconisant le système d'abonnement et en le faisant prévaloir, et on peut prédire que le nouveau système s'établira bon gré, mal gré, ne fût-ce que pour une courte durée, dans la plus grande partie des départements.

Ce levier puissant au moyen duquel on peut remuer chaque semaine les 40 000 instituteurs répandus sur toute la surface de la France, cette feuille hebdomadaire qui leur porte à tous les mêmes directions sur leurs lectures, sur leurs procédés d'enseignement, sur la conduite de leur classe, ne sera pas inutile pour préparer la voie à cette uniformité[1] absolue qui a été le rêve de quelques esprits. On enseignera partout la lecture, l'écriture, l'arithmétique, l'histoire et la géographie par les mêmes méthodes, par les mêmes livres, aux mêmes jours et aux

1. Nous avons sous les yeux un imprimé qui porte en tête : *Service des Bibliothèques scolaires.* — *Rentrée des classes* (1862-1863). — *Ouvrages à fournir au compte de la librairie scolaire de l'école de.... Paul Dupont....* Puis vient la liste, avec l'indication des prix, des ouvrages à introduire dans les écoles. Si ce prospectus avait été distribué commercialement, nous n'aurions rien à en dire. Mais quand il est joint sous la même bande à un numéro du *Journal officiel de l'instruction primaire*, quand les ouvrages dont il recommande l'emploi sont signés des noms qu'on lit au bas des articles dudit journal ou sur les titres des ouvrages destinés à propager l'uniformité de l'enseignement, nous pouvons croire que le journal et les livres se tiennent étroitement et poursuivent le but commun de s'introduire exclusivement dans les écoles primaires.

Un homme d'un esprit à la fois très-juste et très-fin nous disait, il y a quelques jours, en causant avec nous des Bibliothèques scolaires : « Il ne faut pas s'étonner qu'à notre époque certains « hommes reprennent cette idée d'uniformité des livres et des « méthodes qui n'est pas neuve dans l'Université ; car elle re- « monte à l'abbé Nicolle, et elle a inspiré plusieurs mesures assez « fâcheuses à M. Fortoul. Quoi de plus simple en effet? Quarante « mille instituteurs sont obligés de faire chacun leur soupe, c'est- « à-dire de choisir et d'étudier les livres qu'ils mettent entre les « mains de leurs élèves et les méthodes qu'ils suivent pour leur « enseignement. N'est-ce pas une idée séduisante que celle d'éta- « blir une marmite commune à leur usage? Ils seront dispensés « de tout souci; on choisira pour eux ; on pensera pour eux; ils « n'auront qu'à se laisser conduire. Quelques spéculateurs feront « leurs affaires; les partisans de l'unité s'émerveilleront; mais ce « qui est pis, les socialistes se réjouiront. »

mêmes heures. Ce sera un triomphe pour les hommes qui veulent l'uniformité à tout prix. Mais ce jour-là l'instruction primaire sera abaissée autant que possible ; les instituteurs seront complétement découragés ; les auteurs qui écrivent pour la jeunesse auront brisé leur plume et la vie intellectuelle aura cessé de circuler dans les écoles. Il faut le proclamer hautement en présence des tentatives de quelques hommes qui ne songent à rien moins qu'à substituer chez les instituteurs l'obéissance passive et automatique à toute initiative et à toute action personnelle : la liberté dans l'application des méthodes approuvées et dans l'emploi des livres autorisés, est le seul moyen d'assurer le perfectionnement des procédés d'enseignement et de l'instruction primaire elle-même[1]. Non, il n'y a plus de progrès possible avec un tableau obligatoire de l'emploi du temps dans les classes, avec l'uniformité absolue des livres. Imposer à tous les instituteurs du même ressort académique ou départemental le même livre de lecture, les mêmes modèles d'écriture, le même livre d'arithmétique, comme on l'a déjà fait dans plusieurs départements, c'est les obliger à adopter des procédés d'enseignement qui leur sont inconnus ; c'est jeter le trouble dans leur esprit et supprimer pour eux la responsabilité des progrès de leurs élèves ; c'est, en un mot, conduire une partie notable du corps enseignant, à la façon d'une société fameuse, *perinde ac cadaver.*

1. Voir la circulaire ministérielle du 21 novembre 1851, page 23.

§ 3. *Des listes de livres à imposer à toutes les écoles d'un ressort académique.*

Mais cette uniformité[1] qu'on veut imposer à toutes les écoles, est-elle quelque chose de bien légal?

D'abord, nous prenons la liberté de demander à quel titre un Conseil académique ou toute autre Autorité imposerait aux instituteurs l'obligation de se servir, dans leur école, de tel ou tel livre parmi ceux qu'ils ont le droit d'employer? Ce ne sont pas les Autorités préposées à l'enseignement qui sont chargées de faire la classe; elles n'ont qu'à la surveiller, à contenir l'enseignement dans les limites voulues et à en constater les résultats. Tant que l'instituteur est dans le règlement et agit en homme intelligent et consciencieux, le devoir de ses supérieurs est de

---

1. L'ouvrage publié sous ce titre : *De l'organisation pédagogique des écoles d'après M. Villemeureux*, paraît être le point de départ du système unitaire pour toute la France, et les idées qu'il renferme ont été reproduites par un certain nombre d'inspecteurs primaires dans des brochures revêtues de l'approbation académique. Nous citerons notamment les publications suivantes : *Instructions sur l'organisation des écoles adressées à MM. les instituteurs communaux de l'arrondissement.* Brochure in-8. Toulouse, 1862. Chez E. Connac et Darbas, imprimeurs-libraires. — *Instructions en forme de règlement sur l'organisation pédagogique des écoles adressées à MM. les instituteurs communaux de l'arrondissement de Saint-Gaudens*, par M. Cabiran, inspecteur de l'enseignement primaire, officier d'académie. Brochure in-8. Saint-Gaudens, 1862. Chez Abadie, imprimeur-libraire. — Ces deux brochures contiennent, entre autres choses, un tableau obligatoire pour les instituteurs des matières de l'enseignement, des livres destinés aux élèves et de l'emploi du temps.

le laisser faire : ils n'en ont pas d'autre; et il ne leur
est pas permis d'ajouter au fardeau de ses obligations d'autres obligations que la loi ne prescrit pas,
nous disons plus, qu'elle n'autorise pas.

Les lois qui régissent l'enseignement ont toujours
été entendues et pratiquées dans le sens que nous
venons d'indiquer.

Il est bien vrai qu'on a vu quelquefois des fonctionnaires essayer de profiter de la position dépen-
dante où se trouvent les instituteurs pour leur imposer
leur volonté propre. Ainsi, il est arrivé que des Conseils départementaux[1], des inspecteurs d'académie,
et même des inspecteurs primaires ont dit aux instituteurs : « Vous n'emploierez que les livres que
nous voulons bien autoriser, » et ont ainsi annulé
implicitement l'autorisation accordée aux autres.

Mais, jusqu'à ce jour, les instituteurs savaient
bien qu'ils n'étaient pas obligés de se soumettre à
ces injonctions, et qu'aucun rapport fait contre eux
pour s'être servis d'un livre autorisé par le Ministre
ne serait valable. Leur espoir d'ailleurs était dans
son autorité tutélaire : ils savaient qu'il veille aussi
bien sur la conservation de leurs droits que sur
leur exactitude à accomplir tous leurs devoirs.

Aujourd'hui, coup inattendu ! c'est un arrêté
émané du Ministre lui-même qui les frappe, qui
leur enlève cette liberté dont ils ont toujours joui.

Mais ils en appellent avec confiance au Ministre
mieux informé, et ils espèrent que la mesure indi-

1. Voir la note de la page 23.

quée par l'arrêté du 1er juin ne s'exécutera pas à la rigueur, et que la liste prescrite par le deuxième paragraphe de l'article 6 sera simplement un appel à leurs préférences et non une exclusion impérative de tout ce qui n'y serait pas inscrit.

Quelle serait d'ailleurs l'utilité de cette mesure prescrite par l'article 6 ?

« Par suite de la formation de ces listes, dit la circulaire aux recteurs, il y aura *uniformité dans les écoles du ressort.* » Qu'importe ici le ressort? quelle valeur ont les circonscriptions académiques qui ont changé quatre fois en six ans, et qu'on peut modifier sans le moindre inconvénient? Quel intérêt offre l'uniformité? L'Ariége aura les mêmes livres que la Lozère, et n'aura pas les mêmes que les Pyrénées-Orientales. Quelle singulière uniformité ! Mais outre que cette uniformité est contraire à l'esprit de la loi, qui permet l'emploi de tous les livres approuvés (autrement à quoi servirait l'approbation ?), elle est tout à fait sans utilité pour le ressort, pour le département, pour l'arrondissement, pour le canton. Il suffit qu'elle règne dans chaque école : cela seul est important.

On ajoute que cette uniformité sera utile à MM. les inspecteurs primaires. D'abord, cette utilité, même si elle était réelle, serait-elle un motif suffisant pour supprimer la liberté des instituteurs et porter atteinte aux droits acquis par les auteurs et les éditeurs? En second lieu, en quoi peut-elle être utile aux inspecteurs? Ne sauront-ils pas ap-

précier si une multiplication est bien faite, soit
que l'instituteur ait employé l'Arithmétique de
Bezout soit qu'il ait préféré un livre plus moderne?
Ne verront-ils pas bien si un élève sait lire, soit
qu'il ait entre les mains un ouvrage de M. Rendu,
soit qu'il se serve d'un livre de M. Barrau?

Les motifs qu'on allègue pour établir l'uniformité
et pour faire dresser des listes restreintes dans
chaque ressort académique ou départemental sont
loin de suffire pour justifier l'atteinte portée à la
liberté des instituteurs et aux droits des auteurs.

Ce ne seront pas seulement ces droits qui seront
gravement compromis. La loi elle-même ne sera pas
respectée.

Si l'injonction ministérielle est impérative, si
les Conseils académiques sont appelés à choisir
les livres dont on pourra faire usage dans les
écoles de leur ressort, que devient l'autorisation
donnée par le Ministre, sur l'avis conforme du
Conseil impérial? En choisir quelques-uns, c'est
exclure complétement tous les autres; c'est donner
d'une main, et retirer de l'autre ce qu'on vient de
donner! Un auteur a demandé à être admis dans les
écoles. Après un long et sérieux examen, le Ministre
lui dit : « Entrez. » Et en même temps une Autorité
subordonnée au Ministre verrouille la porte devant
lui. Cela est-il juste et convenable? Le Ministre
n'est-il pas, au contraire, le protecteur des intérêts
légitimes des auteurs qui ont obtenu son approbation en travaillant pour l'instruction primaire?

N'est-ce pas à lui à les encourager, à les soutenir, à maintenir leurs droits? Et si quelque autorité inférieure voulait proscrire un ouvrage qu'il a approuvé, ne devrait-il pas s'interposer en faveur de l'opprimé et dire : « De quel droit rejetez-vous ce « que j'ai admis ? »

Comment ce droit pourrait-il appartenir aux Conseils académiques? L'ont-ils en vertu de leurs propres attributions, comme le dit la circulaire aux Recteurs?

Les Conseils académiques ont été créés par la loi du 14 juin 1854, qui, dans son art. 14, définit ainsi leurs attributions en matière d'enseignement :

« Le Conseil académique veille au maintien des méthodes d'enseignement prescrites par le Ministre en Conseil impérial de l'instruction publique, et qui doivent être suivies dans les écoles publiques d'instruction primaire, secondaire ou supérieure. »

Ce texte est parfaitement clair; et il n'est pas possible d'en inférer que ces Conseils ont le droit d'imposer des livres aux écoles, d'exclure par là même les autres et d'infirmer ainsi les décisions du Conseil impérial[1]. Ils devront veiller à ce que, sous

1. Pour prouver que cette doctrine a toujours été celle de l'Administration de l'instruction publique, il nous suffira de reproduire sans commentaires l'arrêté pris par un Ministre précédent, dont personne ne contestera la haute intelligence et l'esprit libéral et qui a laissé les meilleurs souvenirs dans l'Université.

« Paris, le 21 novembre 1851.

« Monsieur le Recteur,

« Je suis informé que plusieurs Conseils académiques ont dressé des listes de livres à l'usage des élèves des écoles communales

le nom de méthode Jacotot, méthode Pestalozzi ou autre, on n'introduise pas dans les écoles de fâcheuses innovations : voilà tout.

Dans la circulaire adressée le 24 juin dernier

du ressort, et que ces listes ont été communiquées à MM. les instituteurs publics, avec injonction de se servir exclusivement, dans leur enseignement, des ouvrages qui leur étaient ainsi spécialement désignés.

« Cette prescription, Monsieur le Recteur, est contraire à l'esprit et à la lettre de la loi du 15 mars 1850.

« Par son article 5, la loi a réservé au Conseil supérieur de l'instruction publique la mission de donner son avis sur les livres qui peuvent être introduits dans les écoles publiques et sur ceux qui doivent être défendus dans les écoles privées, comme contraires à la morale, à la constitution et aux lois ; et aucune autre de ses dispositions ne confère aux Conseils académiques le soin de faire un choix parmi les ouvrages déjà autorisés par le Conseil supérieur.

« C'est donc à ce Conseil seulement qu'appartient le droit d'approuver ou d'interdire l'usage de tel ou tel livre dans les écoles.

« Il importe, d'ailleurs, de laisser à chaque instituteur la liberté de choisir l'ouvrage qu'il comprend le plus facilement, qui lui paraît le mieux approprié aux besoins de son enseignement, aux habitudes de la localité, à l'âge et aux dispositions des enfants ; il convient aussi de ne point faire obstacle aux efforts des auteurs qui seraient complétement découragés s'ils savaient d'avance que toutes les voies leur sont fermées.

« J'appelle, Monsieur le Recteur, votre attention particulière sur ces considérations, et je vous recommande de veiller à ce que les instituteurs primaires continuent de jouir complétement de la faculté que leur laisse la loi, de choisir parmi les ouvrages approuvés ceux qui leur paraîtront le mieux convenir à leur enseignement.

« Je vous prie de m'accuser réception de cette circulaire.

« Recevez, Monsieur le Recteur, l'assurance de ma considération très-distinguée.

« *Le Ministre de l'instruction publique et des cultes,*

« CH. GIRAUD. »

à MM. les recteurs, M. le Ministre demande que plusieurs ouvrages de même nature figurent sur les listes académiques pour ne pas constituer de monopoles au profit de quelques intérêts particuliers. C'est le correctif mis à un principe dont il a entrevu les dangers. Mais malheureusement le principe sera plus fort que toutes les recommandations accessoires destinées à en modérer l'application. On ne manquera pas de rémarquer qu'à la suite de ces recommandations, M. le ministre invite les Conseils académiques à établir autant que possible l'uniformité des livres dans les écoles du ressort, et la balance penchera de ce côté. Le système d'abonnement se généralisera partout et deviendra obligatoire ; les listes académiques seront de plus en plus restreintes, et on arrivera infailliblement à l'unité des livres pour chaque matière d'enseignement. On y arrivera parce qu'il y aura derrière l'arrêté ministériel des intérêts qui se feront jour, parce que peu de gens connaissent à fond les besoins de l'instruction primaire et que certaines personnes seront séduites par les idées fausses sur lesquelles on s'appuie pour demander l'uniformité de l'enseignement.

Ce n'est pas là une simple hypothèse : nous pouvons affirmer que l'application du système d'abonnement est aujourd'hui un fait accompli dans plusieurs départements, et que l'idée d'uniformité[1] est en voie de s'y réaliser.

1. Voir l'ouvrage intitulé : *De l'organisation pédagogique des écoles, d'après M. de Villemeureux*, page 7.

§ 4. *De l'achat et du louage des livres par les instituteurs.*

Dans l'état actuel de notre législation, peut-on attribuer à 40 000 instituteurs le droit d'acheter des livres pour les louer, et, au besoin, les revendre aux enfants, et cela sans payer aucune patente, sans être munis d'aucun brevet, au grand détriment du commerce régulier de la librairie, qui possède à peine 4500 brevets pour toute la France, et qui a bien de la peine à en obtenir quelques-uns de plus chaque année? La profession d'instituteur n'est-elle pas entièrement incompatible avec les opérations commerciales qu'on veut y ajouter?

Il faut voir les choses telles qu'elles sont. L'école communale sera transformée en un magasin de fournitures pour les élèves, et l'instituteur en agent commercial qui, pour le compte et au profit de la Bibliothèque scolaire, achète les livres, les loue et les vend au besoin. Mais, outre que ce commerce et ces spéculations sur les fournitures classiques sont quelque chose de tout à fait exorbitant pour une administration publique, surtout pour celle qui, par son essence même, doit être la plus libérale de toutes et la plus étrangère aux opérations mercantiles, est-il possible d'admettre que tout cela soit bien légal? Le doute à cet égard ne nous paraît point permis. La transformation de l'instituteur public en agent commercial chargé d'acheter des livres en gros et de les louer ou de les revendre en détail à prix d'argent est contraire à la lettre même de la loi.

Ici aucune équivoque n'est possible.

La loi[1] dit des instituteurs communaux en termes exprès : *Toute profession commerciale leur est absolument interdite.*

Donc toute opération commerciale doit rester en dehors de leurs attributions. On aura beau dire que ce n'est pas pour son propre compte que l'instituteur opère, mais pour celui de la Bibliothèque scolaire, il n'en aura pas moins violé la loi qui ne lui permet pas plus d'être commis marchand au service de l'Administration que d'être marchand lui-même.

En même temps que le système d'abonnement dénature l'école en la transformant en un lieu de commerce, elle ruine les véritables commerçants et porte un coup funeste à la librairie.

Oui, la librairie départementale sera ruinée par le système d'abonnement qu'on veut introduire dans les écoles. Qu'on ne s'y trompe pas : pour un commerce de détail, la suppression d'une partie importante de ses ventes équivaut à la suppression du tout. La vente des livres classiques est pour un très-grand nombre de libraires la meilleure partie de leur industrie. Elle les met en rapport avec une foule de personnes de la ville et des cantons environnants. On vient chez eux pour acheter un vo-

1. Loi du 15 mars 1850, art. 32, § 2.

lume de classe, et ils profitent de cette occasion
pour offrir des fournitures de bureau, pour faire
connaître une publication nouvelle, pour faire
prendre un abonnement au journal du département.
Tous ces petits gains réunis les aident à vivre, à éle-
ver leur famille, à payer leur patente et leurs contributions. Si, par suite de l'adoption des nouvelles
mesures prescrites par l'arrêté ministériel, le chiffre
de leurs affaires est seulement réduit d'un tiers,
leur commerce est perdu. L'ancienne Université
était la protectrice des libraires; c'est sous sa tu-
telle que leur commerce s'exerçait. Est-ce à la nouvelle de les écraser, pour introduire dans les écoles
un régime dont les conséquences ne peuvent être
que désastreuses?

Il est facile de constater dès aujourd'hui l'effet
qu'a produit dans tous les départements, sur le commerce de la librairie, la seule publication de l'arrêté
relatif à la formation des Bibliothèques scolaires.
Une terreur panique s'est répandue partout. Les
achats d'ouvrages élémentaires ont été suspendus
dans un certain nombre de localités; les livres res-
tent dans les magasins des éditeurs à cette époque
de l'année où ils sont habituellement expédiés sur
tous les points de la France. Les libraires de province, effrayés par les avis qu'on leur a donnés
officieusement, n'ont pas réfléchi que l'arrêté du
1er juin n'a pu encore recevoir une sérieuse exécution; que les Conseils académiques ne se sont pas
encore réunis depuis sa publication; qu'ils ne doi-

vent tenir leur session que dans le mois de novembre prochain; que les listes de livres à introduire dans les écoles de chaque ressort ne pourront être dressées en temps convenable pour modifier immédiatement la situation actuelle; qu'il n'est pas d'ailleurs possible d'arrêter brusquement la marche des écoles, et que les changements de livres, s'il doit y en avoir, ne peuvent être introduits que successivement; qu'enfin les Conseils académiques ont leur indépendance et qu'ils pourront fort bien interpréter dans le sens le plus large les dispositions de l'arrêté ministériel. Mais la peur ne raisonne pas. Les libraires n'ont pas oublié que tout récemment les achats de livres destinés aux distributions de prix dans les lycées ont été concentrés au Ministère de l'instruction publique. Ils ont été informés, en outre, qu'il a été question dernièrement de réunir dans les mains d'un seul entrepreneur la fourniture aux écoles des papiers, des plumes, de l'encre et en un mot de tout le matériel d'enseignement. Est-il donc surprenant que l'arrêté du 1er juin ait paralysé le mouvement des affaires? On y a vu et on a dû y voir une menace de monopole absolu et la suppression de toute concurrence.

Les auteurs des livres élémentaires ne sont pas moins lésés que les éditeurs et les libraires. La propriété littéraire n'est, à proprement parler, une propriété, qu'autant qu'on n'empêche pas l'écoulement de ses produits. Si on lui enlève arbitrairement ses consommateurs, c'est-à-dire le public auquel ces produits sont destinés, on la confisque, on l'anéantit.

Un ouvrage a été composé en vue de l'enseignement public.

Jusqu'à son adoption par le Ministre en Conseil impérial, cet ouvrage n'avait, comme propriété, qu'une valeur médiocre.

Du moment où il a été adopté, il a acquis une valeur caractérisée par ces mots : *Ce livre peut être introduit dans les écoles publiques*. Cette valeur est, comme beaucoup d'autres, sujette à des variations ; mais enfin elle existe.

Elle n'existe plus du moment où on statue implicitement que, contrairement au droit acquis, ce livre ne pourra pas être introduit dans les écoles publiques. La propriété se trouve ainsi frappée d'improductivité ; elle est détruite.

Peu importe qu'on procède par voie d'interdiction ou par voie d'exclusion : l'atteinte à la propriété est toujours la même.

Un préfet, par exemple, a le droit d'interdire, pour des motifs dont il est juge, la représentation d'un ouvrage dramatique. Mais ne porterait-il pas atteinte à la propriété littéraire et artistique s'il disait : « Je ne laisserai jouer d'autre musique que celle de Rossini ? » Ne serait-ce pas exclure, contre toute justice, celle d'Auber, d'Halévy et des autres ?

Comment l'Administration de l'instruction publique agirait-elle plus équitablement, en disant : « Voilà, sur le même sujet, deux livres approuvés ;

« à l'avenir, je n'admets plus qu'un des deux? »
C'est-à-dire : « J'exclus l'autre; j'enlève à l'auteur
« sa modeste gloire, à l'éditeur la rentrée de ses
« avances, à tous deux la rémunération de leur tra-
« vail.... et cela, au mépris des droits que mon
« autorisation leur avait conférés. »

Au moment où l'Empereur annonce l'intention
d'étendre et d'affermir les droits de la propriété littéraire, convient-il de la frapper ainsi dans une de
ses parties les plus dignes d'intérêt, celle des ouvrages consacrés à l'éducation du peuple?

Il est permis à l'Autorité de regarder d'un œil
stoïque les désastres particuliers et les souffrances
individuelles, quand elle veut atteindre un grand
résultat utile au pays; mais il n'y aurait au bout
du système d'abonnement et de l'uniformité des
livres, s'il venait à s'établir, que le décourage-
ment absolu des instituteurs et des écrivains qui
consacrent leurs veilles à la rédaction d'ouvrages
élémentaires pour la jeunesse, la ruine des librai-
ries classiques, et l'amoindrissement de l'enseignement déjà trop limité qu'on donne dans les écoles
primaires.

DES BIBLIOTHÈQUES COMMUNALES.

Les dispositions de l'arrêté du 1er juin 1862 qui sont applicables à la seconde partie des Bibliothèques scolaires, c'est-à-dire aux livres destinés à satisfaire les besoins moraux, intellectuels et professionnels des classes populaires, contiennent le germe d'une excellente organisation pour les Bibliothèques communales, objet depuis plusieurs années de tant d'entreprises plus ou moins sérieuses. L'instituteur primaire de la commune est certainement le conservateur le mieux choisi qu'on puisse préposer à leur garde. Le local est tout trouvé et n'occasionnera aucuns frais. Un meuble d'un prix modique et quelques registres seront la seule dépense d'installation.

La création des Bibliothèques communales est une œuvre grande et patriotique. Il s'agit en effet de faire porter à l'instruction primaire tous ses fruits, de la féconder, de la prolonger en quelque sorte jusque dans l'âge mûr et la vieillesse. Aujourd'hui presque tous les enfants du peuple vont à l'école et la génération actuelle sait généralement lire et écrire. Mais, combien n'y en a-t-il pas qui sortis de l'école à l'âge de douze ans laissent là leurs livres et leurs cahiers! Ils ne tardent pas à oublier le peu qu'ils ont appris, parce qu'ils n'ouvrent pas un volume et ne forment pas une lettre tout le reste de leur vie. Leur inspirer le goût de la lecture, dès qu'ils ont atteint l'âge d'homme, leur donner l'amour de leur état, leur en apprendre tous les avantages et tous les secrets, orner leur esprit, émouvoir leur cœur, leur faire aimer leur pays et leur apprendre que la stabilité des institutions peut seule assurer le développement de la liberté et de la prospérité publiques, voilà un noble but, une grande entreprise. Mais tout dépend de l'exécution.

Le succès des Bibliothèques communales serait immédiatement compromis, si le public pouvait soupçonner qu'elles ont un caractère purement politique, ou qu'elles se lient trop étroitement à des intérêts particuliers. Il ne le serait pas moins si leur base financière reposait sur une cotisation que l'on pourrait considérer comme un impôt équivoque. Pourquoi vouloir réunir dans une seule et même combinaison deux choses aussi distinctes que la fourniture des livres de classe aux enfants et le prêt de bons ouvrages aux familles? Les livres qui doivent composer les Bibliothèques communales ne sont pas les mêmes que ceux destinés à l'enseignement primaire. Les enfants et les adultes forment deux catégories de lecteurs tout à fait distinctes, qui ont chacune leurs besoins auxquels il faut pourvoir séparément. Qu'on laisse donc aux parents le soin et la charge de pourvoir leurs fils et leurs filles des moyens d'instruction indispensables; qu'on fasse voter par les Conseils munipaux les centimes nécessaires pour fournir gratuitement des livres aux enfants indigents; en un mot, qu'on ne change pas un état de choses très-régulier et qui fonctionne parfaitement bien pour y substituer un système qui ruinera les intérêts les plus respectables, jettera le trouble dans les écoles et arrêtera le développement de l'instruction primaire en France. Mais, en même temps, qu'on annonce ouvertement la création des bibliothèques populaires et qu'on fasse appel au concours de tous ceux qui peuvent s'intéresser à leur succès. Le Ministère de l'Instruction publique a eu le mérite de l'initiative; il fournira les bibliothécaires, et un certain nombre d'ouvrages achetés chaque année avec les ressources de son budget; le Ministre de l'intérieur approuvera les allocations votées par les conseils municipaux, et autorisera les associations ayant pour objet l'encouragement de l'instruction populaire[1]. L'union des deux ministres est nécessaire pour assurer le succès de l'institution.

Au début, les bibliothèques populaires pourront n'être formées que de quelques volumes; mais, chaque année, elles s'enrichiront d'acquisitions nouvelles. L'important est de commencer. Dès qu'on

---

1. Une autorisation de cette nature vient d'être accordée par un arrêté de M. le Ministre de l'intérieur, en date du 19 septembre dernier. Voir aux Annexes, page 46.

pourra dire qu'elles existent, elles se développeront rapidement.

Nous avons l'espoir que la France ne restera pas plus longtemps en arrière dans cette voie de civilisation où elle a été précédée par plusieurs pays voisins, et où la Belgique entre depuis plusieurs années avec tant de résolution [1].

1. Voir la circulaire de M. le Ministre de l'intérieur en Belgique, page 47.

M. le Ministre, en terminant la circulaire qu'il a adressée à MM. les recteurs à la date du 24 juin dernier, s'est exprimé en ces termes : *Si l'expérience venait à révéler quelques besoins que je n'ai pas prévus, je m'empresserais d'y satisfaire.* Nous aimons à croire que cette déclaration, à laquelle a été donnée la plus grande publicité, ne s'adressait pas seulement aux dix-sept hauts fonctionnaires qui l'ont reçue, mais à tous ceux qui ont à cœur le développement de l'instruction populaire, et nous espérons que nos observations, faites avec sincérité et mesure, seront favorablement accueillies.

L. HACHETTE,
Libraire-éditeur.

Paris, septembre 1862.

ANNEXES.

CIRCULAIRE RELATIVE A L'ÉTABLISSEMENT DE BIBLIOTHÈQUES
SCOLAIRES PRÈS DES ÉCOLES COMMUNALES.

Paris, le 31 mai 1860.

Monsieur le préfet, mes instructions du 31 juillet 1858, relatives
aux projets de constructions ou d'acquisitions de maisons d'école,
ont produit des résultats dont j'ai lieu de me féliciter.

Des locaux plus vastes, mieux disposés, mieux aérés sont un attrait pour les familles les plus indifférentes, et déjà on a pu constater que, dans les communes où les maisons d'école ont été
installées conformément à mes prescriptions, le nombre des enfants restés jusqu'ici privés d'instruction a sensiblement diminué.
Par une conséquence naturelle, les ressources de l'instituteur ont
augmenté.

La mesure est donc bonne. Je désire que l'exécution en soit
attentivement poursuivie. Mais là ne doit pas s'arrêter la sollicitude de l'administration. Il ne suffit pas qu'une maison d'école soit
convenablement appropriée ou assez vaste pour la jeune popula-
tion qui doit la fréquenter, il faut encore qu'elle soit pourvue du
mobilier de classe nécessaire, et une petite bibliothèque-armoire,
destinée à la conservation des livres, des cahiers et des cadres
imprimés à l'usage de l'école, me semble un des objets les plus
indispensables.

J'y attache un intérêt tout particulier et que vous apprécierez,
je n'en doute pas. L'acquisition d'un corps de bibliothèque est le
point de départ de la réalisation d'une pensée qui, depuis longtemps, a été l'objet des plus légitimes efforts. Doter les populations
laborieuses d'un fonds d'ouvrages intéressants et utiles est un
besoin qui, chaque jour, se fait plus sérieusement sentir. Une vaste
organisation de bibliothèques communales répondrait à ce but;
mais cette organisation présente des difficultés qu'un concours

multiple de volontés et de sacrifices permettrait seul de résoudre complétement.

En attendant, il est possible de tenter un premier essai. Mon administration accorde fréquemment des livres à un grand nombre d'écoles; les départements, les communes, les particuliers eux-mêmes s'associent à ces dons. Je m'efforcerai d'y ajouter encore; mais la possession d'un corps de bibliothèque est la condition première de la conservation des volumes. Ce point est incontestable et a déterminé la résolution dont je viens vous faire part aujourd'hui.

J'ai décidé qu'à l'avenir tout projet de construction ou d'acquisition de maison d'école, pour l'exécution duquel un secours sera demandé, devra être accompagné d'un devis spécial de dépenses afférentes au mobilier scolaire, dans lequel sera comprise, en première ligne, une bibliothèque. Si le mobilier existe déjà, la bibliothèque sera seule mentionnée. Je crois devoir joindre à ma lettre un modèle [1] qui servira à guider les communes. Chacune, selon ses ressources et selon ses besoins, adoptera un plan plus ou moins restreint; mais la modicité de prix du projet qui a été figuré ici, d'après un devis exact, permet d'apprécier combien peut être limitée une dépense dont les résultats seront si précieux.

Je vous prie, monsieur le préfet, de vouloir bien prêter à ces instructions toute la publicité dont votre administration dispose.

Recevez, monsieur le préfet, l'assurance de ma considération très-distinguée.

Le Ministre de l'instruction publique
et des cultes,

ROULAND.

ARRÊTÉ RELATIF A L'ORGANISATION DE BIBLIOTHÈQUES SCOLAIRES DANS LES ÉCOLES PRIMAIRES PUBLIQUES.

(1er juin 1862.)

Le Ministre Secrétaire d'État au département de l'instruction publique et des cultes.

Arrête :

ART. 1er.

Il sera établi dans chaque école primaire publique une bibliothèque scolaire.

---

1. On trouvera ce modèle dans le n° 125 (mai 1860) du *Bulletin administratif de l'instruction publique*, publié par P. Dupont, imprimeur à Paris.

Art. 2.

Cette bibliothèque sera placée sous la surveillance de l'instituteur dans une des salles de l'école dont elle est la propriété.

Les livres seront rangés dans une armoire-bibliothèque conforme au modèle annexé à la circulaire du 31 mai 1860.

Art. 3.

La bibliothèque scolaire comprendra :

1° Le dépôt des livres de classe à l'usage de l'école;

2° Les ouvrages concédés à l'école par le Ministre de l'instruction publique;

3° Les livres donnés par les préfets au moyen de crédits votés par les Conseils généraux;

4° Les ouvrages donnés par les particuliers;

5° Les ouvrages acquis au moyen des ressources propres à la bibliothèque (art. 7).

Art. 4.

Aucune concession de livres ne pourra être faite par le Ministre à une bibliothèque scolaire si la commune ne peut justifier :

1° De la possession d'une armoire-bibliothèque;

2° De l'acquisition de livres de classe en quantité suffisante pour les besoins des élèves gratuits.

Art. 5.

Les livres de classes seront prêtés aux moments convenables pour les exercices à tous les enfants portés sur la liste des admissions gratuites dressée conformément à l'article 45 de la loi du 15 mars 1850.

Les livres seront également mis entre les mains des élèves payants dont les parents auront souscrit la cotisation *volontaire* indiquée à l'article 7 du présent arrêté.

Les ouvrages mentionnés aux paragraphes 2, 3, 4 et 5 de l'article 3 pourront être prêtés aux familles, lesquelles prendront l'engagement de les remettre en bon état ou d'en restituer la valeur.

Art. 6.

Aucun des ouvrages mentionnés aux paragraphes 2, 3, 4 et 5 de l'article 3 ne peut être placé dans les bibliothèques scolaires, soit qu'il provienne d'acquisitions, soit qu'il provienne de dons faits par les particuliers, sans l'autorisation de l'inspecteur d'académie [1].

L'acquisition des livres de classe sera faite par les instituteurs

---

1. Nous reproduisons textuellement ce paragraphe tel qu'il a été publié dans le *Journal général de l'Instruction publique;* mais nous pensons qu'il contient une erreur. Il ne nous semble pas possible que les ouvrages mentionnés aux paragraphes 2 et 3 de l'arrêté ministériel puissent être soumis à l'autorisation de MM. les inspecteurs d'Académie. Cette autorisation ne peut s'appliquer qu'aux paragraphes 4 et 5.

sur une liste préparée chaque année, pour toutes les écoles du ressort, par le Conseil académique et arrêtée par le Ministre. Cette liste ne devra comprendre que des ouvrages approuvés par le Conseil impérial de l'instruction publique.

Art. 7.

Les ressources de la bibliothèque scolaire se compose

1º Des fonds spéciaux votés par les conseils municipaux;

2º Des sommes portées au budget pour fourniture de livres aux enfants indigents, et que les conseils municipaux consentiraient à appliquer à la nouvelle fondation;

3º Du produit des souscriptions, dons ou legs destinés à ladite bibliothèque;

4º Du produit des remboursements faits par les familles pour pertes ou dégradations des livres prêtés;

5º D'une cotisation volontaire fournie par les familles des élèves payants, et dont le taux sera fixé chaque année par le conseil départemental, après avis du conseil municipal.

Art. 8.

L'instituteur communal tiendra trois registres conformes aux modèles ci-annexés :

1º Catalogue des livres (modèle nº 2);

2º Registre des recettes et des dépenses (modèle nº 3);

3º Registre d'entrée et de sortie des livres prêtés au dehors de l'école.

Ces registres, cotés et paraphés par le maire, seront visés par l'inspecteur de l'instruction primaire lors de l'inspection de l'école.

Ils seront communiqués aux autorités scolaires à toute réquisition.

Art. 9.

L'instituteur conservera et classera dans un ordre méthodique les mémoires, quittances, lettres et toutes les pièces de correspondance relatives à la bibliothèque scolaire.

Art. 10.

Chaque année, au 31 décembre, l'instituteur dresse, en présence du maire, la situation de la bibliothèque ainsi que celle de la caisse. Le procès-verbal constatant cette double opération est adressé à l'inspecteur d'Académie par l'intermédiaire de l'inspecteur primaire (modèle 4).

Art. 11.

A chaque changement d'instituteur, le procès-verbal de récolement et de situation de la caisse est signé par l'instituteur sortant et par son successeur.

L'instituteur sortant n'est déchargé de toute responsabilité qu'après avoir obtenu de l'inspecteur de l'instruction primaire un certificat constatant que les formalités susindiquées ont été remplies et la prise en charge par son successeur.

Art. 12.

A leur passage dans l'école, les inspecteurs de l'instruction primaire vérifient les divers registres énumérés à l'article 8. Ils s'assurent que l'acquisition des ouvrages a été faite conformément aux prescriptions de l'article 6, et que la bibliothèque ne contient aucun livre donné ou légué, dont l'acceptation n'aurait pas été autorisée par l'inspecteur d'Académie; ils contrôlent les recettes et les dépenses, et constatent, s'il y a lieu, les irrégularités.

Art. 13.

A la fin de chaque année, l'inspecteur d'Académie adresse au Ministre de l'instruction publique, par l'intermédiaire du recteur, un rapport sur la situation des bibliothèques scolaires.

Art. 14.

Les recteurs, les préfets, les inspecteurs d'Académie et les inspecteurs primaires sont chargés, chacun en ce qui le concerne, de l'exécution du présent règlement, qui sera affiché dans toutes les écoles publiques.

Fait à Paris, le 1er juin 1862.

ROULAND.

CIRCULAIRE AUX PRÉFETS RELATIVE A L'ORGANISATION DES BIBLIOTHÈQUES SCOLAIRES DANS LES ÉCOLES PRIMAIRES PUBLIQUES.

Paris, le 24 juin 1862.

Monsieur le préfet, j'ai l'honneur de vous envoyer ampliation d'un arrêté en date du 1er juin courant concernant les bibliothèques scolaires. J'y joins une copie de la lettre que je viens d'adresser sur le même objet à M. le recteur de l'Académie.

Il importe, monsieur le préfet, que l'administration académique, à qui appartiendra nécessairement la direction morale de ces bibliothèques, trouve dans l'administration départementale le concours sans lequel ses efforts seraient impuissants. M. le recteur peut, en conseil académique, donner tous ses soins à la composition de la bibliothèque, et surtout au choix des livres de classe qui devront être employés dans les écoles primaires; mais c'est à vous qu'il appartient d'exciter le zèle des conseils municipaux pour la propagation d'une œuvre dont l'utilité ne peut être contestée. Veuillez donc rappeler aux conseils municipaux ma circulaire du 31 mai dernier, et les inviter à faire l'acquisition d'une bibliothèque-armoire partout où ce meuble n'aurait pas encore été placé dans les écoles.

L'attention de ces conseils devra être appelée d'une manière toute particulière sur la nécessité de la cotisation volontaire mentionnée en l'article 7 de mon arrêté. Vous leur ferez remarquer qu'au moyen de cette cotisation les enfants de familles aisées recevront les livres dont ils auront besoin, et qu'en outre les mêmes ouvrages seront prêtés aux enfants de familles indigentes, qui étaient trop souvent dépourvus de cet élément d'instruction. Ce sera un moyen de plus de faire pénétrer dans les écoles le principe d'égalité qui est dans nos institutions, et de mettre les plus pauvres en état de tirer parti de leur intelligence. Je ne doute pas que les conseils municipaux n'apprécient cette disposition, et qu'ils ne s'efforcent de seconder en cette circonstance les efforts du gouvernement de l'Empereur. Le conseil départemental devra, dans tous les cas, apporter dans l'examen de cette question tout l'intérêt qu'elle mérite. Il y aura lieu aussi de signaler au conseil général de votre département les résultats qu'on est en droit d'espérer, non-seulement pour l'instruction des enfants, mais encore pour la moralisation de leurs familles, des prêts de livres qui pourront leur être faits. J'espère que le conseil général voudra bien encourager cette œuvre par l'allocation de quelques fonds.

Aucun livre, ainsi que le prescrit l'article 6 de l'arrêté, ne pourra être placé dans les bibliothèques sans l'autorisation de l'inspecteur d'Académie. En fait, il sera utile, avant de faire l'acquisition de livres, de vous concerter préalablement avec ce fonctionnaire.

Je vous prie, en outre, de vous entendre avec M. l'inspecteur d'Académie, pour qu'au fur et à mesure de l'établissement d'une bibliothèque scolaire, chaque instituteur soit pourvu des registres et des imprimés dont vous trouverez ci-joint des modèles. Ces imprimés vous seront fournis, pour la première fois, au compte de mon ministère; MM. les instituteurs pourront plus tard se les procurer par telle voie que vous jugerez convenable, aux frais de la bibliothèque scolaire.

Ces registres, dont l'établissement emploiera une ou deux heures au plus, n'exigeront par la suite que bien peu de temps pour être tenus au courant; mais il est indispensable qu'il en soit ainsi : l'institution des bibliothèques scolaires ne saurait se soutenir si on laissait le désordre s'y introduire, et si, par conséquent, MM. les inspecteurs de l'instruction primaire n'y veillaient avec la plus grande exactitude.

Je n'insisterai pas davantage à ce sujet; vous verrez par ma l ettre à M. le recteur par quelles puissantes considérations je tiens au succès d'une œuvre que je considère comme importante au point de vue de la moralisation publique, et je vous saurai gré de tout ce que vous ferez pour en assurer le succès.

Recevez, monsieur le préfet, l'assurance de ma considération très-distinguée.

Le Ministre de l'instruction publique et des cultes,

ROULAND.

CIRCULAIRE AUX RECTEURS RELATIVE A L'ORGANISATION DE BIBLIOTHÈQUES SCOLAIRES DANS LES ÉCOLES PRIMAIRES PUBLIQUES.

Paris, le 24 juin 1862.

Monsieur le recteur, j'ai l'honneur de vous envoyer ampliation d'un arrêté en date du 1er juin courant, concernant les bibliothèques scolaires.

Par ma circulaire du 31 mai 1860, j'ai fait part à MM. les préfets de l'intérêt tout particulier que j'attache à la création de ces petites bibliothèques, et je les ai invités à en favoriser, autant que possible, l'établissement dans les écoles primaires.

Cette recommandation a été entendue, et déjà, dans un grand nombre de communes, il a été fait acquisition du corps de bibliothèque-armoire destiné à renfermer les livres dont la bibliothèque devra être composée.

Le moment est donc venu de prescrire les mesures d'ordre qui doivent assurer le succès définitif de ce projet.

Ainsi que vous le verrez, j'ai rattaché à la formation de la bibliothèque scolaire la fourniture des livres de classe pour tous les élèves. Une cotisation volontaire ou plutôt un abonnement souscrit par les familles aisées permettra non-seulement de fournir aux enfants de ces familles les livres nécessaires pour qu'ils puissent suivre utilement les exercices de la classe, mais encore de mettre, à titre de prêt, des ouvrages de même nature entre les mains des enfants reçus gratuitement dans les écoles. Ce résultat ne pourra, toutefois, être atteint que si la cotisation volontaire est fixée de telle sorte que, sans surcharger les familles, la bibliothèque au profit de qui elle sera perçue puisse y trouver les moyens de subvenir à cette dépense. Le conseil départemental devra prendre cette nécessité en considération lorsque, après avis du conseil municipal, il fixera, chaque année, le taux de la cotisation. Déjà, dans quelques départements, cette cotisation a été établie, et S. Exc. le Ministre des finances a bien voulu autoriser MM. les receveurs municipaux à la percevoir en même temps et dans la même forme que la rétribution scolaire. Il y a lieu d'espérer que les excellents effets de cette mesure se feront bientôt sentir dans tous les départements, et que les enfants pauvres, trop souvent privés de livres dans les écoles de campagne, participeront désormais dans de meilleures conditions à l'enseignement public.

Je n'ignore pas, monsieur le recteur, que, par la nature de vos attributions, vous avez peu de relations directes, soit avec les conseils municipaux, soit avec MM. les percepteurs. Je n'hésite point, cependant, à vous recommander expressément la formation et la surveillance des bibliothèques scolaires. Vous êtes chargé par les lois et les règlements du maintien des bonnes méthodes, et rien ne me paraît plus propre à favoriser votre influence sur la direction de l'enseignement primaire que le droit conféré au conseil académique de dresser sous votre présidence la liste des livres de classe qui devront être placés dans les bibliothèques, et dont, par conséquent, l'usage sera seul autorisé dans les écoles publiques du ressort. La liste dont il s'agit devra comprendre non-seulement des méthodes de lecture, mais des livres de lecture courante, de petits traités d'arithmétique, des livres élémentaires d'histoire et de géographie, enfin tous les ouvrages indispensables pour la bonne direction des études primaires. Cette liste devra contenir un petit nombre d'ouvrages de même nature, mais elle sera dressée cependant de manière à n'alarmer aucun intérêt particulier en ayant soin de ne créer nulle part une sorte de monopole. Il serait fâcheux que, dans l'usage qu'il fera de cette faculté, le conseil académique pût être soupçonné de favoriser telle ou telle personne, fonctionnaire ou autre, avec qui MM. les membres de ce conseil pourraient se trouver en relation d'affaires ou d'affection. Il serait injuste, cependant, de repousser un livre dont le mérite serait incontestable, par cela seul que l'auteur exercerait des fonctions publiques dans l'enseignement; et je me garderais bien de décourager ainsi les membres du corps enseignant, de qui émanent généralement les meilleurs livres d'éducation; mais, entre ces deux écueils, le conseil académique saura suivre la voie la plus sûre et arriver, d'une part, à établir autant que possible l'uniformité des livres dans les écoles du ressort, et, d'autre part, à fournir ainsi à MM. les inspecteurs primaires des termes de comparaison qui ne pourront que tourner au profit de la jeunesse.

Vous verrez par l'article 6 qu'aucun ouvrage ne pourra être placé dans les bibliothèques scolaires sans l'autorisation de l'inspecteur d'Académie. Il est presque inutile de rappeler ici les considérations qui s'opposent à ce qu'il en soit autrement. La bibliothèque scolaire est formée, avant tout, dans l'intérêt des enfants;

mais, aux termes de .l'article 5, des livres pourront être prêtés
aux familles. Ce sera pour elles, dans les longues veillées d'hiver,
un excellent moyen d'échapper aux dangers de l'oisiveté, et l'expérience a prouvé que, dans les campagnes surtout, la lecture à
haute voix, faite le soir au sein de la famille, a des attraits tout-
puissants, et c'est précisément afin de prévenir les funestes conséquences de choix imprudents ou mauvais qu'il a paru nécessaire
de réglementer le colportage. Que ne doit-on pas attendre, dès
lors, d'une mesure qui, satisfaisant à un besoin incontestable,
doit le faire tourner au profit de la morale publique? Il importe
donc que MM. les inspecteurs d'Académie examinent avec le plus
grand soin les livres qui seraient offerts aux bibliothèques scolaires ou dont l'acquisition serait projetée. Sans proscrire impé-
rieusement les ouvrages de pure imagination, ils ne les laisseront
entrer dans les bibliothèques scolaires qu'autant qu'ils reconnaî-
tront que les populations auront quelque chose à gagner à leur
lecture; ce ne sera pas une vaine satisfaction de curiosité qu'ils
devront y trouver, mais de bons et salutaires exemples. Les livres
d'histoire devront être également choisis avec soin, et MM. les inspecteurs ne devront accorder leur autorisation que lorsqu'il s'agira
d'ouvrages destinés à donner aux lecteurs des idées vraies et sages.
Ces lecteurs n'auront ni le temps ni les moyens de vérifier et de
contrôler les assertions de l'historien; ils accepteront les faits tels
qu'ils leur seront présentés, et les conséquences qu'ils en tireront
seront plus ou moins justes, selon que l'historien aura été plus ou
moins véridique. Les livres qu'on devra placer dans les bibliothèques devront donc avant tout être empreints d'un véritable sentiment national et d'une grande impartialité; on aura soin d'en
écarter tous ceux qui, écrits sous l'impression d'idées préconçues,
s'efforceraient de faire tourner l'histoire au profit d'opinions qui
doivent chaque jour s'effacer en présence d'un gouvernement dont
la pensée ne tend qu'à la satisfaction légitime de tous les intérêts
populaires.

Les bibliothèques devant être placées dans la classe même, sous
la surveillance de l'instituteur communal, il importait de prescrire
les mesures propres à assurer la conservation des livres. Tel est
le but des articles 7, 8, 9, 10, 11 et 12; c'est surtout à MM. les
instituteurs primaires qu'il appartient de veiller à leur exécution.
Mais j'appelle toute votre attention sur l'article 13. Je tiens beaucoup à ce que MM. les inspecteurs d'Académie s'y conforment.
Les rapports que ces fonctionnaires auront à m'adresser chaque
année par votre intermédiaire devront me faire connaître si les
bibliothèques sont bien tenues; si les livres de classe y sont dé-
posés, et si les conseils municipaux, comprenant l'utilité de cette
mesure, en ont rendu, par leurs votes, l'exécution plus facile et
plus efficace; si les prêts aux familles ont été fréquents, et si
cette disposition tend à se généraliser; enfin, si des dons ont été

faits aux bibliothèques et quelle est la nature des ouvrages donnés. Ils s'attacheront aussi à me faire voir d'une manière générale, et en groupant les faits suivant leur importance, ce qu'il y
aurait lieu de modifier ou d'ajouter aux dispositions de mon arrêté.
Si l'expérience venait à révéler quelques besoins que je n'aurais
pas prévus, je m'empresserais d'y satisfaire.

Veuillez donner communication de mon arrêté du 1er juin courant et des présentes instructions à MM. les inspecteurs d'Académie. J'écris directement. à MM. les préfets pour les prier de
concourir, en ce qui les concerne, à la prompte formation des bibliothèques scolaires.

Recevez, monsieur le recteur, l'assurance de ma considération
très-distinguée.

Le Ministre de l'instruction publique
et des cultes,

ROULAND.

ARRÊTÉ DE SON EXC. LE MINISTRE DE L'INTÉRIEUR AUTORI
SANT L'ÉTABLISSEMENT A PARIS DE LA SOCIÉTÉ FRANKLIN.

N'ayant pu nous procurer l'arrêté de M. le Ministre de l'intérieur, en date du 19 septembre 1862, autorisant l'établissement
à Paris de la *Société Franklin*, nous nous bornons à reproduire la
note publiée à ce sujet par le *Moniteur universel* du 7 octobre 1862 :

« Le Ministre de l'intérieur vient, par arrêté en date du 19 septembre, d'autoriser l'établissement de la *Société Franklin*, qui a
pour objet de propager sur tout le territoire la création de bibliothèques municipales pareilles à celles qui existent déjà à Paris
dans les 3e et 18e arrondissements.

« La *Société Franklin* aide aussi de ses conseils, de ses dons en
argent et en livres, les bibliothèques qui sont en voie d'organisation, envoie des ouvrages et des secours à celles qui existent déjà,
leur communique le catalogue des livres qui peuvent être recommandés, et provoque, dans les localités et communes qui n'ont
pas de bibliothèques, la fondation de ces établissements si utiles
aux classes industrielles et agricoles.

« La *Société* a à Paris une agence chargée d'exécuter toutes ses
affaires et de recueillir tous les renseignements nécessaires à l'établissement, à l'entretien des bibliothèques municipales, et à la
fourniture des livres demandés par elles

« La souscription annuelle est de 12 francs.

« Pour faire partie de la *Société*, il suffit d'être présenté par deux de ses membres et d'être admis par le conseil d'administration, qui se compose actuellement de :

« MM. Boussingault, membre de l'Institut, président ; colonel Favé, aide de camp de l'Empereur ; Tresca, sous-directeur au Conservatoire des arts et métiers ; Labrouste, directeur à Sainte-Barbe ; Vincent, vice-président de la Bibliothèque (3e arrondissement) ; Patin, de l'Académie française ; Legouvé, de l'Académie française ; Faye, de l'Académie des sciences, inspecteur général ; Maurice Mayer, secrétaire général.

« Le siége actuel de la *Société Franklin* est au Conservatoire impérial des arts et métiers, rue Saint-Martin, où toutes les demandes sont adressées journellement au secrétaire général. »

CIRCULAIRE DE M. LE MINISTRE DE L'INTÉRIEUR, EN BELGIQUE, RELATIVE A L'ÉTABLISSEMENT DES BIBLIOTHÈQUES POPULAIRES.

Bruxelles, le 13 septembre 1862.

Monsieur le gouverneur,

Plusieurs communes et diverses sociétés particulières ont créé depuis quelque temps sous le nom de *bibliothèques populaires*, des institutions qui ont pour but de faciliter aux classes laborieuses les moyens de lire de bons livres.

On doit se féliciter, dans l'intérêt du pays, de la faveur que ces établissements rencontrent. Propager le goût de la lecture, c'est rendre aux populations un service inappréciable. Les bonnes lectures élèvent, ennoblissent les sentiments du peuple. En étendant le champ de ses connaissances, elles lui procurent l'occasion d'accroître son bien-être, de même qu'en lui offrant un délassement dont l'attrait augmente à mesure qu'on en jouit, elles éloignent d'autres distractions dont l'usage immodéré est nuisible et ruineux.

Il est à désirer que la Belgique suive, en multipliant de plus en plus les bibliothèques populaires, le bon exemple que lui donnent d'autres pays : l'Angleterre, l'Écosse, la Suisse, la Hollande, etc.

Il serait heureux que bientôt chaque commune vît se former à côté de l'école la bibliothèque populaire, qui en est le véritable complément.

Comme il se pourrait toutefois que certaines localités n'offrissent pas des ressources suffisantes pour créer ces institutions, on pourrait les engager à se réunir, dans ce but, à des communes voisines.

Les bibliothèques populaires répondent à un besoin de la généralité, satisfont à un intérêt réellement communal. Les administrations communales peuvent donc, sans sortir de leurs attributions, se charger de les organiser et de les entretenir. A défaut de ces administrations, il est à espérer qu'il se trouvera des sociétés ou des particuliers qui auront à cœur d'attacher leur nom à la création de ces établissements.

Le choix des livres doit faire l'objet de la sollicitude particulière des organisateurs. Ils n'admettront que des œuvres aptes à fortifier les sentiments moraux et patriotiques dans les masses.

Du reste, si certaines catégories de livres méritent d'être recommandées partout, si, dans toutes les communes, par exemple, il importe que l'histoire nationale soit suffisamment représentée, ainsi que les notions élémentaires sur la Constitution et les lois organiques, etc., il est d'autres catégories qui doivent varier selon les exigences locales. C'est ainsi qu'on recherchera spécialement, dans les campagnes, les ouvrages relatifs à l'agriculture ; dans les villes, ceux qui traitent des industries qui y sont spécialement professées.

Tout en croyant devoir signaler à votre attention, monsieur le Gouverneur, l'utilité des bibliothèques populaires, il est essentiel que je vous fasse remarquer que l'État ne peut intervenir pécuniairement pour en favoriser la création ou le développement.

L'institution dont il s'agit étant, comme je l'ai dit, d'intérêt communal, ne peut être établie qu'aux frais des communes ou des habitants.

Vous jugerez sans doute utile, monsieur le Gouverneur, d'insérer la présente circulaire au *Mémorial administratif*, en y joignant telles instructions qui vous paraîtront nécessaires pour stimuler le zèle des administrations communales, en faveur des institutions dont je me suis occupé.

Il me serait agréable de recevoir, vers la fin de l'année, quelques renseignements sur les résultats qui, à cet égard, se seront produits dans votre province.

Le Ministre de l'intérieur,

ALP. VANDERPEEREBOOM.

FIN.

A LA LIBRAIRIE L. HACHETTE ET CIE

77, BOULEVARD SAINT-GERMAIN, A PARIS

Projet de statuts pour les sociétés de secours mutuels et de prévoyance à établir en faveur des ouvriers et des employés de l'industrie et du commerce adressé à M. le ministre de l'agriculture et du commerce. (Paris, 1849.)

Rapport fait à la conférence municipale des maires et adjoints des communes de l'arrondissement de Sceaux (Seine) par la Commission chargée d'étudier les diverses questions relatives à l'établissement d'une maison hospitalière pour les incurables et les vieillards indigents de la banlieue de Paris. (Paris, 1857.)

Rapport complémentaire fait à la conférence municipale des maires et adjoints des communes de l'arrondissement de Sceaux (Seine) par la Commission chargée d'étudier les diverses questions relatives à l'établissement d un certain nombre d'asiles municipaux pour les incurables et les vieillards indigents de cet arrondissement. (Paris, 1857.)

L'Instruction populaire et le suffrage universel. (1 fr.; Paris, Février 1861.)

La question des bibliothèques des chemins de fer et la bro chure de M. Charpentier, par MM. L. Hachette et Cie, libraireséditeurs. (Paris, Décembre 1861.)

La Propriété littéraire et artistique. (30 c.; Paris, Janvier 1862.)

De l'application du droit commun à la Propriété littéraire et artistique. (30 c.; Paris, Février 1862.)

La Propriété littéraire sous le régime du domaine public payant. (30 c.; Paris, Juin 1862.)

Les Républiques de l'Amérique espagnole, par J. M. Guardia. (1 fr.; Paris, 1862.)

www.ingramcontent.com/pod-product-compliance
Lightning Source LLC
Chambersburg PA
CBHW061330060726
47596CB00003B/1180